Golden Retrievers

BrownTrout Publishers, Inc.

2014 Quick Planner

SEPTEMBER 2014

S	M	T	W	T	F	S
	1	2	3	4	5	6
7	8	9	10	11	12	13
14	15	16	17	18	19	20
21	22	23	24	25	26	27
28	29	30				

OCTOBER 2014

S	M	T	W	T	F	S
			1	2	3	4
5	6	7	8	9	10	11
12	13	14	15	16	17	18
19	20	21	22	23	24	25
26	27	28	29	30	31	

NOVEMBER 2014

S	M	T	W	T	F	S
						1
2	3	4	5	6	7	8
9	10	11	12	13	14	15
16	17	18	19	20	21	22
23	24	25	26	27	28	29
30						

DECEMBER 2014

S	M	T	W	T	F	S
	1	2	3	4	5	6
7	8	9	10	11	12	13
14	15	16	17	18	19	20
21	22	23	24	25	26	27
28	29	30	31			

2015 Quick Planner

JANUARY 2015

S	M	T	W	T	F	S
				1	2	3
4	5	6	7	8	9	10
11	12	13	14	15	16	17
18	19	20	21	22	23	24
25	26	27	28	29	30	31

FEBRUARY 2015

S	M	T	W	T	F	S
1	2	3	4	5	6	7
8	9	10	11	12	13	14
15	16	17	18	19	20	21
22	23	24	25	26	27	28

MARCH 2015

S	M	T	W	T	F	S
1	2	3	4	5	6	7
8	9	10	11	12	13	14
15	16	17	18	19	20	21
22	23	24	25	26	27	28
29	30	31				

APRIL 2015

S	M	T	W	T	F	S
			1	2	3	4
5	6	7	8	9	10	11
12	13	14	15	16	17	18
19	20	21	22	23	24	25
26	27	28	29	30		

2015 Quick Planner

MAY 2015

S	M	T	W	T	F	S
					1	2
3	4	5	6	7	8	9
10	11	12	13	14	15	16
17	18	19	20	21	22	23
24	25	26	27	28	29	30
31						

JUNE 2015

S	M	T	W	T	F	S
	1	2	3	4	5	6
7	8	9	10	11	12	13
14	15	16	17	18	19	20
21	22	23	24	25	26	27
28	29	30				

JULY 2015

S	M	T	W	T	F	S
			1	2	3	4
5	6	7	8	9	10	11
12	13	14	15	16	17	18
19	20	21	22	23	24	25
26	27	28	29	30	31	

AUGUST 2015

S	M	T	W	T	F	S
						1
2	3	4	5	6	7	8
9	10	11	12	13	14	15
16	17	18	19	20	21	22
23	24	25	26	27	28	29
30	31					

2015 Quick Planner

SEPTEMBER 2015

S	M	T	W	T	F	S
		1	2	3	4	5
6	7	8	9	10	11	12
13	14	15	16	17	18	19
20	21	22	23	24	25	26
27	28	29	30			

OCTOBER 2015

S	M	T	W	T	F	S
				1	2	3
4	5	6	7	8	9	10
11	12	13	14	15	16	17
18	19	20	21	22	23	24
25	26	27	28	29	30	31

NOVEMBER 2015

S	M	T	W	T	F	S
1	2	3	4	5	6	7
8	9	10	11	12	13	14
15	16	17	18	19	20	21
22	23	24	25	26	27	28
29	30					

DECEMBER 2015

S	M	T	W	T	F	S
		1	2	3	4	5
6	7	8	9	10	11	12
13	14	15	16	17	18	19
20	21	22	23	24	25	26
27	28	29	30	31		

AUGUST 2014

S	M	T	W	T	F	S
					1	2
3	4	5	6	7	8	9
10	11	12	13	14	15	16
17	18	19	20	21	22	23
24	25	26	27	28	29	30
31						

SEPTEMBER 2014

S	M	T	W	T	F	S
	1	2	3	4	5	6
7	8	9	10	11	12	13
14	15	16	17	18	19	20
21	22	23	24	25	26	27
28	29	30				

OCTOBER 2014

S	M	T	W	T	F	S
			1	2	3	4
5	6	7	8	9	10	11
12	13	14	15	16	17	18
19	20	21	22	23	24	25
26	27	28	29	30	31	

AUGUST 2014 AOÛT | AGOSTO

31
Sunday
dim | dom

SEPTEMBER 2014 SEPTEMBRE | SEPTIEMBRE

1
Monday
lun | lun

Labor Day (US)
Labour Day/Fête du travail (CAN)

First Quarter ◐ 11:11 U.T.

2
Tuesday
mar | mar

3
Wednesday
mer | miér

4
Thursday
jeu | jue

5
Friday
ven | vier

6
Saturday
sam | sáb

AUGUST 2014

S	M	T	W	T	F	S
					1	2
3	4	5	6	7	8	9
10	11	12	13	14	15	16
17	18	19	20	21	22	23
24	25	26	27	28	29	30
31						

SEPTEMBER 2014

S	M	T	W	T	F	S
	1	2	3	4	5	6
7	8	9	10	11	12	13
14	15	16	17	18	19	20
21	22	23	24	25	26	27
28	29	30				

OCTOBER 2014

S	M	T	W	T	F	S
			1	2	3	4
5	6	7	8	9	10	11
12	13	14	15	16	17	18
19	20	21	22	23	24	25
26	27	28	29	30	31	

SEPTEMBER 2014 SEPTEMBRE | SEPTIEMBRE

7
Sunday
dim | dom

Father's Day (AU; NZ)
National Grandparents Day (US)

8
Monday
lun | lun

9
Tuesday
mar | mar

Full Moon ○ 1:38 U.T.

10
Wednesday
mer | miér

11
Thursday
jeu | jue

Patriot Day/National Day of Service and Remembrance (US)

12
Friday
ven | vier

13
Saturday
sam | sáb

AUGUST 2014

S	M	T	W	T	F	S
					1	2
3	4	5	6	7	8	9
10	11	12	13	14	15	16
17	18	19	20	21	22	23
24	25	26	27	28	29	30
31						

SEPTEMBER 2014

S	M	T	W	T	F	S
	1	2	3	4	5	6
7	8	9	10	11	12	13
14	15	16	17	18	19	20
21	22	23	24	25	26	27
28	29	30				

OCTOBER 2014

S	M	T	W	T	F	S
			1	2	3	4
5	6	7	8	9	10	11
12	13	14	15	16	17	18
19	20	21	22	23	24	25
26	27	28	29	30	31	

SEPTEMBER 2014 SEPTEMBRE | SEPTIEMBRE

14
Sunday
dim | dom

15
Monday
lun | lun

Noche del Grito (MX)

16
Tuesday
mar | mar

Last Quarter ◐ 2:05 U.T.

Día de la Independencia (MX)

17
Wednesday
mer | miér

18
Thursday
jeu | jue

19
Friday
ven | vier

20
Saturday
sam | sáb

AUGUST 2014

S	M	T	W	T	F	S
					1	2
3	4	5	6	7	8	9
10	11	12	13	14	15	16
17	18	19	20	21	22	23
24	25	26	27	28	29	30
31						

SEPTEMBER 2014

S	M	T	W	T	F	S
	1	2	3	4	5	6
7	8	9	10	11	12	13
14	15	16	17	18	19	20
21	22	23	24	25	26	27
28	29	30				

OCTOBER 2014

S	M	T	W	T	F	S
			1	2	3	4
5	6	7	8	9	10	11
12	13	14	15	16	17	18
19	20	21	22	23	24	25
26	27	28	29	30	31	

SEPTEMBER 2014 SEPTEMBRE | SEPTIEMBRE

21
Sunday
dim | dom

UN International Day of Peace

22
Monday
lun | lun

Autumn begins

23
Tuesday
mar | mar

New Moon ● 6:14 U.T.

24
Wednesday
mer | miér

Rosh Hashanah begins at sundown

25
Thursday
jeu | jue

26
Friday
ven | vier

27
Saturday
sam | sáb

Fête de la Communauté française (BE)

SEPTEMBER 2014

S	M	T	W	T	F	S
	1	2	3	4	5	6
7	8	9	10	11	12	13
14	15	16	17	18	19	20
21	22	23	24	25	26	27
28	29	30				

OCTOBER 2014

S	M	T	W	T	F	S
			1	2	3	4
5	6	7	8	9	10	11
12	13	14	15	16	17	18
19	20	21	22	23	24	25
26	27	28	29	30	31	

NOVEMBER 2014

S	M	T	W	T	F	S
						1
2	3	4	5	6	7	8
9	10	11	12	13	14	15
16	17	18	19	20	21	22
23	24	25	26	27	28	29
30						

SEPTEMBER 2014 SEPTEMBRE | SEPTIEMBRE

28
Sunday
dim | dom

Daylight Saving Time begins (NZ)

29
Monday
lun | lun

Queen's Birthday (WA-AU)
Family & Community Day (ACT-AU)

30
Tuesday
mar | mar

OCTOBER 2014 OCTOBRE | OCTUBRE

1
Wednesday
mer | miér

First Quarter ◐ 19:32 U.T.

2
Thursday
jeu | jue

3
Friday
ven | vier

Yom Kippur begins at sundown
Eid al-Adha begins at sundown

4
Saturday
sam | sáb

World Animal Day

SEPTEMBER 2014

S	M	T	W	T	F	S
	1	2	3	4	5	6
7	8	9	10	11	12	13
14	15	16	17	18	19	20
21	22	23	24	25	26	27
28	29	30				

OCTOBER 2014

S	M	T	W	T	F	S
			1	2	3	4
5	6	7	8	9	10	11
12	13	14	15	16	17	18
19	20	21	22	23	24	25
26	27	28	29	30	31	

NOVEMBER 2014

S	M	T	W	T	F	S
						1
2	3	4	5	6	7	8
9	10	11	12	13	14	15
16	17	18	19	20	21	22
23	24	25	26	27	28	29
30						

OCTOBER 2014 OCTOBRE | OCTUBRE

5
Sunday
dim | dom

Daylight Saving Time begins
(AU except WA/QLD/NT)

6
Monday
lun | lun

Labour Day (ACT/NSW/QLD/SA-AU)

7
Tuesday
mar | mar

8
Wednesday
mer | miér

Full Moon ◯ 10:51 U.T.

9
Thursday
jeu | jue

10
Friday
ven | vier

11
Saturday
sam | sáb

SEPTEMBER 2014

S	M	T	W	T	F	S
	1	2	3	4	5	6
7	8	9	10	11	12	13
14	15	16	17	18	19	20
21	22	23	24	25	26	27
28	29	30				

OCTOBER 2014

S	M	T	W	T	F	S
			1	2	3	4
5	6	7	8	9	10	11
12	13	14	15	16	17	18
19	20	21	22	23	24	25
26	27	28	29	30	31	

NOVEMBER 2014

S	M	T	W	T	F	S
						1
2	3	4	5	6	7	8
9	10	11	12	13	14	15
16	17	18	19	20	21	22
23	24	25	26	27	28	29
30						

OCTOBER 2014 OCTOBRE | OCTUBRE

12
Sunday
dim | dom

Día de la Raza (MX)

13
Monday
lun | lun

Columbus Day (US)
Thanksgiving Day/Action de grâce (CAN)

14
Tuesday
mar | mar

15
Wednesday
mer | miér

Last Quarter ◑ 19:12 U.T.

16
Thursday
jeu | jue

Boss's Day

17
Friday
ven | vier

18
Saturday
sam | sáb

SEPTEMBER 2014

S	M	T	W	T	F	S
	1	2	3	4	5	6
7	8	9	10	11	12	13
14	15	16	17	18	19	20
21	22	23	24	25	26	27
28	29	30				

OCTOBER 2014

S	M	T	W	T	F	S
			1	2	3	4
5	6	7	8	9	10	11
12	13	14	15	16	17	18
19	20	21	22	23	24	25
26	27	28	29	30	31	

NOVEMBER 2014

S	M	T	W	T	F	S
						1
2	3	4	5	6	7	8
9	10	11	12	13	14	15
16	17	18	19	20	21	22
23	24	25	26	27	28	29
30						

OCTOBER 2014 OCTOBRE | OCTUBRE

19 Sunday
dim | dom

20 Monday
lun | lun

21 Tuesday
mar | mar

22 Wednesday
mer | miér

23 Thursday
jeu | jue

New Moon ● 21:57 U.T.

24 Friday
ven | vier

United Nations Day
Muharram begins at sundown

25 Saturday
sam | sáb

OCTOBER 2014

S	M	T	W	T	F	S
			1	2	3	4
5	6	7	8	9	10	11
12	13	14	15	16	17	18
19	20	21	22	23	24	25
26	27	28	29	30	31	

NOVEMBER 2014

S	M	T	W	T	F	S
						1
2	3	4	5	6	7	8
9	10	11	12	13	14	15
16	17	18	19	20	21	22
23	24	25	26	27	28	29
30						

DECEMBER 2014

S	M	T	W	T	F	S
	1	2	3	4	5	6
7	8	9	10	11	12	13
14	15	16	17	18	19	20
21	22	23	24	25	26	27
28	29	30	31			

OCTOBER 2014 OCTOBRE | OCTUBRE

26
Sunday
dim | dom

European Summer Time ends

27
Monday
lun | lun

Labour Day (NZ)
Public Holiday (IRL)

28
Tuesday
mar | mar

29
Wednesday
mer | miér

30
Thursday
jeu | jue

31
Friday
ven | vier

First Quarter ◐ 2:48 U.T.

Halloween

NOVEMBER 2014 NOVEMBRE | NOVIEMBRE

1
Saturday
sam | sáb

All Saints' Day

OCTOBER 2014

S	M	T	W	T	F	S
			1	2	3	4
5	6	7	8	9	10	11
12	13	14	15	16	17	18
19	20	21	22	23	24	25
26	27	28	29	30	31	

NOVEMBER 2014

S	M	T	W	T	F	S
						1
2	3	4	5	6	7	8
9	10	11	12	13	14	15
16	17	18	19	20	21	22
23	24	25	26	27	28	29
30						

DECEMBER 2014

S	M	T	W	T	F	S
	1	2	3	4	5	6
7	8	9	10	11	12	13
14	15	16	17	18	19	20
21	22	23	24	25	26	27
28	29	30	31			

NOVEMBER 2014 NOVEMBRE | NOVIEMBRE

2
Sunday
dim | dom

All Souls' Day
Día de los Muertos (MX)
Ashura begins at sundown
Daylight Saving Time ends (US; CAN)

3
Monday
lun | lun

4
Tuesday
mar | mar

Election Day (US)
Melbourne Cup (VIC-AU)

5
Wednesday
mer | miér

Guy Fawkes Day/Bonfire Night (UK)

6
Thursday
jeu | jue

Full Moon 22:23 U.T.

7
Friday
ven | vier

8
Saturday
sam | sáb

NOV

OCTOBER 2014

S	M	T	W	T	F	S
			1	2	3	4
5	6	7	8	9	10	11
12	13	14	15	16	17	18
19	20	21	22	23	24	25
26	27	28	29	30	31	

NOVEMBER 2014

S	M	T	W	T	F	S
						1
2	3	4	5	6	7	8
9	10	11	12	13	14	15
16	17	18	19	20	21	22
23	24	25	26	27	28	29
30						

DECEMBER 2014

S	M	T	W	T	F	S
	1	2	3	4	5	6
7	8	9	10	11	12	13
14	15	16	17	18	19	20
21	22	23	24	25	26	27
28	29	30	31			

NOVEMBER 2014 NOVEMBRE | NOVIEMBRE

9
Sunday
dim | dom

Remembrance Sunday (UK)

10
Monday
lun | lun

11
Tuesday
mar | mar

Veterans' Day (US)
Remembrance Day/
Jour du Souvenir (AU; CAN)
Armistice (BE; FR)

12
Wednesday
mer | miér

13
Thursday
jeu | jue

Last Quarter ◐ 15:15 U.T.

14
Friday
ven | vier

15
Saturday
sam | sáb

Koningsdag/Fête du Roi (BE)

OCTOBER 2014

S	M	T	W	T	F	S
			1	2	3	4
5	6	7	8	9	10	11
12	13	14	15	16	17	18
19	20	21	22	23	24	25
26	27	28	29	30	31	

NOVEMBER 2014

S	M	T	W	T	F	S
						1
2	3	4	5	6	7	8
9	10	11	12	13	14	15
16	17	18	19	20	21	22
23	24	25	26	27	28	29
30						

DECEMBER 2014

S	M	T	W	T	F	S
	1	2	3	4	5	6
7	8	9	10	11	12	13
14	15	16	17	18	19	20
21	22	23	24	25	26	27
28	29	30	31			

16
Sunday
dim | dom

17
Monday
lun | lun

18
Tuesday
mar | mar

19
Wednesday
mer | miér

20
Thursday
jeu | jue

Día de la Revolución Mexicana (MX)

21
Friday
ven | vier

New Moon ● 12:32 U.T.

22
Saturday
sam | sáb

OCTOBER 2014

S	M	T	W	T	F	S
			1	2	3	4
5	6	7	8	9	10	11
12	13	14	15	16	17	18
19	20	21	22	23	24	25
26	27	28	29	30	31	

NOVEMBER 2014

S	M	T	W	T	F	S
						1
2	3	4	5	6	7	8
9	10	11	12	13	14	15
16	17	18	19	20	21	22
23	24	25	26	27	28	29
30						

DECEMBER 2014

S	M	T	W	T	F	S
	1	2	3	4	5	6
7	8	9	10	11	12	13
14	15	16	17	18	19	20
21	22	23	24	25	26	27
28	29	30	31			

NOVEMBER 2014 NOVEMBRE | NOVIEMBRE

23
Sunday
dim | dom

24
Monday
lun | lun

25
Tuesday
mar | mar

26
Wednesday
mer | miér

27
Thursday
jeu | jue

Thanksgiving Day (US)

28
Friday
ven | vier

First Quarter ◐ 10:06 U.T.

29
Saturday
sam | sáb

NOVEMBER 2014

S	M	T	W	T	F	S
						1
2	3	4	5	6	7	8
9	10	11	12	13	14	15
16	17	18	19	20	21	22
23	24	25	26	27	28	29
30						

DECEMBER 2014

S	M	T	W	T	F	S
	1	2	3	4	5	6
7	8	9	10	11	12	13
14	15	16	17	18	19	20
21	22	23	24	25	26	27
28	29	30	31			

JANUARY 2015

S	M	T	W	T	F	S
				1	2	3
4	5	6	7	8	9	10
11	12	13	14	15	16	17
18	19	20	21	22	23	24
25	26	27	28	29	30	31

NOVEMBER 2014 NOVEMBRE | NOVIEMBRE

30
Sunday
dim | dom

Advent
St. Andrew's Day (SCT)

DECEMBER 2014 DÉCEMBRE | DICIEMBRE

1
Monday
lun | lun

2
Tuesday
mar | mar

3
Wednesday
mer | miér

4
Thursday
jeu | jue

5
Friday
ven | vier

Sinterklaas (NL)

6
Saturday
sam | sáb

Full Moon 12:27 U.T.

Sinterklaas/Saint-Nicolas (BE)

NOVEMBER 2014

S	M	T	W	T	F	S
						1
2	3	4	5	6	7	8
9	10	11	12	13	14	15
16	17	18	19	20	21	22
23	24	25	26	27	28	29
30						

DECEMBER 2014

S	M	T	W	T	F	S
	1	2	3	4	5	6
7	8	9	10	11	12	13
14	15	16	17	18	19	20
21	22	23	24	25	26	27
28	29	30	31			

JANUARY 2015

S	M	T	W	T	F	S
				1	2	3
4	5	6	7	8	9	10
11	12	13	14	15	16	17
18	19	20	21	22	23	24
25	26	27	28	29	30	31

DECEMBER 2014 DÉCEMBRE | DICIEMBRE

7
Sunday
dim | dom

Pearl Harbor Remembrance Day (US)

8
Monday
lun | lun

9
Tuesday
mar | mar

10
Wednesday
mer | miér

11
Thursday
jeu | jue

12
Friday
ven | vier

Día de la Virgen de Guadalupe (MX)

13
Saturday
sam | sáb

NOVEMBER 2014

S	M	T	W	T	F	S
						1
2	3	4	5	6	7	8
9	10	11	12	13	14	15
16	17	18	19	20	21	22
23	24	25	26	27	28	29
30						

DECEMBER 2014

S	M	T	W	T	F	S
	1	2	3	4	5	6
7	8	9	10	11	12	13
14	15	16	17	18	19	20
21	22	23	24	25	26	27
28	29	30	31			

JANUARY 2015

S	M	T	W	T	F	S
				1	2	3
4	5	6	7	8	9	10
11	12	13	14	15	16	17
18	19	20	21	22	23	24
25	26	27	28	29	30	31

DECEMBER 2014 DÉCEMBRE | DICIEMBRE

Last Quarter 12:51 U.T.

14
Sunday
dim | dom

15
Monday
lun | lun

16
Tuesday
mar | mar

Hanukkah begins at sundown
Las Posadas begin (MX)

17
Wednesday
mer | miér

18
Thursday
jeu | jue

19
Friday
ven | vier

20
Saturday
sam | sáb

NOVEMBER 2014

S	M	T	W	T	F	S
						1
2	3	4	5	6	7	8
9	10	11	12	13	14	15
16	17	18	19	20	21	22
23	24	25	26	27	28	29
30						

DECEMBER 2014

S	M	T	W	T	F	S
	1	2	3	4	5	6
7	8	9	10	11	12	13
14	15	16	17	18	19	20
21	22	23	24	25	26	27
28	29	30	31			

JANUARY 2015

S	M	T	W	T	F	S
				1	2	3
4	5	6	7	8	9	10
11	12	13	14	15	16	17
18	19	20	21	22	23	24
25	26	27	28	29	30	31

DECEMBER 2014 DÉCEMBRE | DICIEMBRE

21
Sunday
dim | dom

Winter begins

22
Monday
lun | lun

New Moon ● 1:36 U.T.

23
Tuesday
mar | mar

24
Wednesday
mer | miér

Christmas Eve

25
Thursday
jeu | jue

Christmas Day

26
Friday
ven | vier

Kwanzaa begins
St. Stephen's Day
Boxing Day/Le lendemain de Noël (AU; CAN; NZ; UK)
Proclamation Day (SA-AU)

27
Saturday
sam | sáb

DECEMBER 2014

S	M	T	W	T	F	S
	1	2	3	4	5	6
7	8	9	10	11	12	13
14	15	16	17	18	19	20
21	22	23	24	25	26	27
28	29	30	31			

JANUARY 2015

S	M	T	W	T	F	S
				1	2	3
4	5	6	7	8	9	10
11	12	13	14	15	16	17
18	19	20	21	22	23	24
25	26	27	28	29	30	31

FEBRUARY 2015

S	M	T	W	T	F	S
1	2	3	4	5	6	7
8	9	10	11	12	13	14
15	16	17	18	19	20	21
22	23	24	25	26	27	28

DECEMBER 2014 DÉCEMBRE | DICIEMBRE

First Quarter 18:31 U.T.

28
Sunday
dim | dom

29
Monday
lun | lun

30
Tuesday
mar | mar

31
Wednesday
mer | miér

New Year's Eve

JANUARY 2015 JANVIER | ENERO

1
Thursday
jeu | jue

New Year's Day

2
Friday
ven | vier

Day after New Year's Day (NZ; SCT)

3
Saturday
sam | sáb

DECEMBER 2014

S	M	T	W	T	F	S
	1	2	3	4	5	6
7	8	9	10	11	12	13
14	15	16	17	18	19	20
21	22	23	24	25	26	27
28	29	30	31			

JANUARY 2015

S	M	T	W	T	F	S
				1	2	3
4	5	6	7	8	9	10
11	12	13	14	15	16	17
18	19	20	21	22	23	24
25	26	27	28	29	30	31

FEBRUARY 2015

S	M	T	W	T	F	S
1	2	3	4	5	6	7
8	9	10	11	12	13	14
15	16	17	18	19	20	21
22	23	24	25	26	27	28

JANUARY 2015 JANVIER | ENERO

4
Sunday
dim | dom

5
Monday
lun | lun

Full Moon 4:53 U.T.

6
Tuesday
mar | mar

Epiphany

7
Wednesday
mer | miér

8
Thursday
jeu | jue

9
Friday
ven | vier

10
Saturday
sam | sáb

DECEMBER 2014

S	M	T	W	T	F	S
	1	2	3	4	5	6
7	8	9	10	11	12	13
14	15	16	17	18	19	20
21	22	23	24	25	26	27
28	29	30	31			

JANUARY 2015

S	M	T	W	T	F	S
				1	2	3
4	5	6	7	8	9	10
11	12	13	14	15	16	17
18	19	20	21	22	23	24
25	26	27	28	29	30	31

FEBRUARY 2015

S	M	T	W	T	F	S
1	2	3	4	5	6	7
8	9	10	11	12	13	14
15	16	17	18	19	20	21
22	23	24	25	26	27	28

JANUARY 2015 JANVIER | ENERO

11
Sunday
dim | dom

12
Monday
lun | lun

Last Quarter ◑ 9:46 U.T.

13
Tuesday
mar | mar

14
Wednesday
mer | miér

15
Thursday
jeu | jue

16
Friday
ven | vier

17
Saturday
sam | sáb

JAN

DECEMBER 2014

S	M	T	W	T	F	S
	1	2	3	4	5	6
7	8	9	10	11	12	13
14	15	16	17	18	19	20
21	22	23	24	25	26	27
28	29	30	31			

JANUARY 2015

S	M	T	W	T	F	S
				1	2	3
4	5	6	7	8	9	10
11	12	13	14	15	16	17
18	19	20	21	22	23	24
25	26	27	28	29	30	31

FEBRUARY 2015

S	M	T	W	T	F	S
1	2	3	4	5	6	7
8	9	10	11	12	13	14
15	16	17	18	19	20	21
22	23	24	25	26	27	28

JANUARY 2015 JANVIER | ENERO

18
Sunday
dim | dom

19
Monday
lun | lun

Martin Luther King Jr. Day (US)

New Moon 13:14 U.T.

20
Tuesday
mar | mar

21
Wednesday
mer | miér

22
Thursday
jeu | jue

23
Friday
ven | vier

24
Saturday
sam | sáb

DECEMBER 2014

S	M	T	W	T	F	S
	1	2	3	4	5	6
7	8	9	10	11	12	13
14	15	16	17	18	19	20
21	22	23	24	25	26	27
28	29	30	31			

JANUARY 2015

S	M	T	W	T	F	S
				1	2	3
4	5	6	7	8	9	10
11	12	13	14	15	16	17
18	19	20	21	22	23	24
25	26	27	28	29	30	31

FEBRUARY 2015

S	M	T	W	T	F	S
1	2	3	4	5	6	7
8	9	10	11	12	13	14
15	16	17	18	19	20	21
22	23	24	25	26	27	28

JANUARY 2015 JANVIER | ENERO

25
Sunday
dim | dom

Burns Night (SCT)

26
Monday
lun | lun

Australia Day (AU)

27
Tuesday
mar | mar

First Quarter ◐ 4:48 U.T.

International Holocaust Remembrance Day (UN)

28
Wednesday
mer | miér

29
Thursday
jeu | jue

30
Friday
ven | vier

31
Saturday
sam | sáb

JANUARY 2015

S	M	T	W	T	F	S
				1	2	3
4	5	6	7	8	9	10
11	12	13	14	15	16	17
18	19	20	21	22	23	24
25	26	27	28	29	30	31

FEBRUARY 2015

S	M	T	W	T	F	S
1	2	3	4	5	6	7
8	9	10	11	12	13	14
15	16	17	18	19	20	21
22	23	24	25	26	27	28

MARCH 2015

S	M	T	W	T	F	S
1	2	3	4	5	6	7
8	9	10	11	12	13	14
15	16	17	18	19	20	21
22	23	24	25	26	27	28
29	30	31				

FEBRUARY 2015 FÉVRIER | FEBRERO

FEB

1
Sunday
dim | dom

2
Monday
lun | lun

Groundhog Day
Día de la Candelaria (MX)

3
Tuesday
mar | mar

Full Moon 23:09 U.T.

4
Wednesday
mer | miér

5
Thursday
jeu | jue

Día de la Constitución (MX)

6
Friday
ven | vier

Waitangi Day (NZ)

7
Saturday
sam | sáb

JANUARY 2015

S	M	T	W	T	F	S
				1	2	3
4	5	6	7	8	9	10
11	12	13	14	15	16	17
18	19	20	21	22	23	24
25	26	27	28	29	30	31

FEBRUARY 2015

S	M	T	W	T	F	S
1	2	3	4	5	6	7
8	9	10	11	12	13	14
15	16	17	18	19	20	21
22	23	24	25	26	27	28

MARCH 2015

S	M	T	W	T	F	S
1	2	3	4	5	6	7
8	9	10	11	12	13	14
15	16	17	18	19	20	21
22	23	24	25	26	27	28
29	30	31				

FEBRUARY 2015 FÉVRIER | FEBRERO

8
Sunday
dim | dom

9
Monday
lun | lun

Family Day (BC-CAN)

10
Tuesday
mar | mar

11
Wednesday
mer | miér

Last Quarter ◑ 3:50 U.T.

12
Thursday
jeu | jue

Lincoln's Birthday (US)

13
Friday
ven | vier

14
Saturday
sam | sáb

Valentine's Day

FEB

JANUARY 2015

S	M	T	W	T	F	S
				1	2	3
4	5	6	7	8	9	10
11	12	13	14	15	16	17
18	19	20	21	22	23	24
25	26	27	28	29	30	31

FEBRUARY 2015

S	M	T	W	T	F	S
1	2	3	4	5	6	7
8	9	10	11	12	13	14
15	16	17	18	19	20	21
22	23	24	25	26	27	28

MARCH 2015

S	M	T	W	T	F	S
1	2	3	4	5	6	7
8	9	10	11	12	13	14
15	16	17	18	19	20	21
22	23	24	25	26	27	28
29	30	31				

15
Sunday
dim | dom

16
Monday
lun | lun

Presidents' Day (US)
Family Day (AB/ON/SK-CAN)
Louis Riel Day (MB-CAN)

17
Tuesday
mar | mar

Shrove Tuesday
Mardi Gras

New Moon ● 23:47 U.T.

18
Wednesday
mer | miér

Ash Wednesday

19
Thursday
jeu | jue

Chinese New Year (Sheep)

20
Friday
ven | vier

21
Saturday
sam | sáb

JANUARY 2015

S	M	T	W	T	F	S
				1	2	3
4	5	6	7	8	9	10
11	12	13	14	15	16	17
18	19	20	21	22	23	24
25	26	27	28	29	30	31

FEBRUARY 2015

S	M	T	W	T	F	S
1	2	3	4	5	6	7
8	9	10	11	12	13	14
15	16	17	18	19	20	21
22	23	24	25	26	27	28

MARCH 2015

S	M	T	W	T	F	S
1	2	3	4	5	6	7
8	9	10	11	12	13	14
15	16	17	18	19	20	21
22	23	24	25	26	27	28
29	30	31				

FEBRUARY 2015 FÉVRIER | FEBRERO

22
Sunday
dim | dom

Washington's Birthday (US)

23
Monday
lun | lun

Great Lent begins (Orthodox)

24
Tuesday
mar | mar

Día de la Bandera (MX)

25
Wednesday
mer | miér

First Quarter 17:14 U.T.

26
Thursday
jeu | jue

27
Friday
ven | vier

28
Saturday
sam | sáb

FEBRUARY 2015

S	M	T	W	T	F	S
1	2	3	4	5	6	7
8	9	10	11	12	13	14
15	16	17	18	19	20	21
22	23	24	25	26	27	28

MAR

MARCH 2015

S	M	T	W	T	F	S
1	2	3	4	5	6	7
8	9	10	11	12	13	14
15	16	17	18	19	20	21
22	23	24	25	26	27	28
29	30	31				

APRIL 2015

S	M	T	W	T	F	S
			1	2	3	4
5	6	7	8	9	10	11
12	13	14	15	16	17	18
19	20	21	22	23	24	25
26	27	28	29	30		

1 Sunday
dim | dom

St. David's Day (WAL)

2 Monday
lun | lun

Labour Day (WA-AU)

3 Tuesday
mar | mar

4 Wednesday
mer | miér

Purim begins at sundown

5 Thursday
jeu | jue

Full Moon 18:05 U.T.

6 Friday
ven | vier

7 Saturday
sam | sáb

MAR

FEBRUARY 2015

S	M	T	W	T	F	S
1	2	3	4	5	6	7
8	9	10	11	12	13	14
15	16	17	18	19	20	21
22	23	24	25	26	27	28

MARCH 2015

S	M	T	W	T	F	S
1	2	3	4	5	6	7
8	9	10	11	12	13	14
15	16	17	18	19	20	21
22	23	24	25	26	27	28
29	30	31				

APRIL 2015

S	M	T	W	T	F	S
			1	2	3	4
5	6	7	8	9	10	11
12	13	14	15	16	17	18
19	20	21	22	23	24	25
26	27	28	29	30		

MARCH 2015 MARS | MARZO

8
Sunday
dim | dom

International Women's Day
Daylight Saving Time begins (US; CAN)

9
Monday
lun | lun

Canberra Day (ACT-AU)
Labour Day (VIC-AU)
Eight Hours Day (TAS-AU)
Adelaide Cup (SA-AU)
Commonwealth Day

10
Tuesday
mar | mar

11
Wednesday
mer | miér

12
Thursday
jeu | jue

13
Friday
ven | vier

Last Quarter ◑ 17:48 U.T.

14
Saturday
sam | sáb

FEBRUARY 2015

S	M	T	W	T	F	S
1	2	3	4	5	6	7
8	9	10	11	12	13	14
15	16	17	18	19	20	21
22	23	24	25	26	27	28

MARCH 2015

S	M	T	W	T	F	S
1	2	3	4	5	6	7
8	9	10	11	12	13	14
15	16	17	18	19	20	21
22	23	24	25	26	27	28
29	30	31				

APRIL 2015

S	M	T	W	T	F	S
			1	2	3	4
5	6	7	8	9	10	11
12	13	14	15	16	17	18
19	20	21	22	23	24	25
26	27	28	29	30		

15
Sunday
dim | dom

Mothering Sunday (UK)

16
Monday
lun | lun

17
Tuesday
mar | mar

St. Patrick's Day

18
Wednesday
mer | miér

19
Thursday
jeu | jue

20
Friday
ven | vier

Spring begins

New Moon ● 9:36 U.T.

21
Saturday
sam | sáb

Natalicio de Benito Juárez (MX)

MAR

FEBRUARY 2015

S	M	T	W	T	F	S
1	2	3	4	5	6	7
8	9	10	11	12	13	14
15	16	17	18	19	20	21
22	23	24	25	26	27	28

MARCH 2015

S	M	T	W	T	F	S
1	2	3	4	5	6	7
8	9	10	11	12	13	14
15	16	17	18	19	20	21
22	23	24	25	26	27	28
29	30	31				

APRIL 2015

S	M	T	W	T	F	S
			1	2	3	4
5	6	7	8	9	10	11
12	13	14	15	16	17	18
19	20	21	22	23	24	25
26	27	28	29	30		

MARCH 2015 MARS | MARZO

22
Sunday
dim | dom

23
Monday
lun | lun

24
Tuesday
mar | mar

25
Wednesday
mer | miér

26
Thursday
jeu | jue

27
Friday
ven | vier

First Quarter ◐ 7:43 U.T.

28
Saturday
sam | sáb

MARCH 2015

S	M	T	W	T	F	S
1	2	3	4	5	6	7
8	9	10	11	12	13	14
15	16	17	18	19	20	21
22	23	24	25	26	27	28
29	30	31				

APRIL 2015

S	M	T	W	T	F	S
			1	2	3	4
5	6	7	8	9	10	11
12	13	14	15	16	17	18
19	20	21	22	23	24	25
26	27	28	29	30		

MAY 2015

S	M	T	W	T	F	S
					1	2
3	4	5	6	7	8	9
10	11	12	13	14	15	16
17	18	19	20	21	22	23
24	25	26	27	28	29	30
31						

MARCH 2015 MARS | MARZO

29
Sunday
dim | dom

Palm Sunday
European Summer Time begins

30
Monday
lun | lun

31
Tuesday
mar | mar

APRIL 2015 AVRIL | ABRIL

1
Wednesday
mer | miér

April Fools' Day

2
Thursday
jeu | jue

Maundy Thursday

3
Friday
ven | vier

Good Friday
Bank Holiday (UK)
Passover begins at sundown

Full Moon ○ 12:05 U.T.

4
Saturday
sam | sáb

Holy Saturday

APR

MARCH 2015

S	M	T	W	T	F	S
1	2	3	4	5	6	7
8	9	10	11	12	13	14
15	16	17	18	19	20	21
22	23	24	25	26	27	28
29	30	31				

APRIL 2015

S	M	T	W	T	F	S
			1	2	3	4
5	6	7	8	9	10	11
12	13	14	15	16	17	18
19	20	21	22	23	24	25
26	27	28	29	30		

MAY 2015

S	M	T	W	T	F	S
					1	2
3	4	5	6	7	8	9
10	11	12	13	14	15	16
17	18	19	20	21	22	23
24	25	26	27	28	29	30
31						

APRIL 2015 AVRIL | ABRIL

5
Sunday
dim | dom

Easter Sunday
Daylight Saving Time ends (AU; NZ)

6
Monday
lun | lun

Easter Monday
Bank Holiday (UK except SCT; IRL)

7
Tuesday
mar | mar

8
Wednesday
mer | miér

9
Thursday
jeu | jue

10
Friday
ven | vier

11
Saturday
sam | sáb

MARCH 2015

S	M	T	W	T	F	S
1	2	3	4	5	6	7
8	9	10	11	12	13	14
15	16	17	18	19	20	21
22	23	24	25	26	27	28
29	30	31				

APR

APRIL 2015

S	M	T	W	T	F	S
			1	2	3	4
5	6	7	8	9	10	11
12	13	14	15	16	17	18
19	20	21	22	23	24	25
26	27	28	29	30		

MAY 2015

S	M	T	W	T	F	S
					1	2
3	4	5	6	7	8	9
10	11	12	13	14	15	16
17	18	19	20	21	22	23
24	25	26	27	28	29	30
31						

12 Sunday
dim | dom

Last Quarter 3:44 U.T.

Pascha (Orthodox)

13 Monday
lun | lun

14 Tuesday
mar | mar

15 Wednesday
mer | miér

Yom Hashoah begins at sundown

16 Thursday
jeu | jue

17 Friday
ven | vier

18 Saturday
sam | sáb

New Moon 18:57 U.T.

MARCH 2015

S	M	T	W	T	F	S
1	2	3	4	5	6	7
8	9	10	11	12	13	14
15	16	17	18	19	20	21
22	23	24	25	26	27	28
29	30	31				

APR

APRIL 2015

S	M	T	W	T	F	S
			1	2	3	4
5	6	7	8	9	10	11
12	13	14	15	16	17	18
19	20	21	22	23	24	25
26	27	28	29	30		

MAY 2015

S	M	T	W	T	F	S
					1	2
3	4	5	6	7	8	9
10	11	12	13	14	15	16
17	18	19	20	21	22	23
24	25	26	27	28	29	30
31						

19
Sunday
dim | dom

20
Monday
lun | lun

21
Tuesday
mar | mar

Birthday of Queen Elizabeth II

22
Wednesday
mer | miér

Earth Day
Administrative Professionals Day

23
Thursday
jeu | jue

St. George's Day (ENG)

24
Friday
ven | vier

Arbor Day (US)

First Quarter 23:55 U.T.

25
Saturday
sam | sáb

ANZAC Day (AU; NZ)

APRIL 2015

S	M	T	W	T	F	S
			1	2	3	4
5	6	7	8	9	10	11
12	13	14	15	16	17	18
19	20	21	22	23	24	25
26	27	28	29	30		

MAY 2015

S	M	T	W	T	F	S
					1	2
3	4	5	6	7	8	9
10	11	12	13	14	15	16
17	18	19	20	21	22	23
24	25	26	27	28	29	30
31						

JUNE 2015

S	M	T	W	T	F	S
	1	2	3	4	5	6
7	8	9	10	11	12	13
14	15	16	17	18	19	20
21	22	23	24	25	26	27
28	29	30				

APRIL 2015 AVRIL | ABRIL

26
Sunday
dim | dom

27
Monday
lun | lun

Koningsdag (NL)

28
Tuesday
mar | mar

29
Wednesday
mer | miér

30
Thursday
jeu | jue

Día del Niño (MX)

MAY 2015 MAI | MAYO

1
Friday
ven | vier

May Day
International Workers' Day
Labor Day (MX)
Dag van de Arbeid (BE; NL)

2
Saturday
sam | sáb

APRIL 2015

S	M	T	W	T	F	S
			1	2	3	4
5	6	7	8	9	10	11
12	13	14	15	16	17	18
19	20	21	22	23	24	25
26	27	28	29	30		

MAY 2015

S	M	T	W	T	F	S
					1	2
3	4	5	6	7	8	9
10	11	12	13	14	15	16
17	18	19	20	21	22	23
24	25	26	27	28	29	30
31						

JUNE 2015

S	M	T	W	T	F	S
	1	2	3	4	5	6
7	8	9	10	11	12	13
14	15	16	17	18	19	20
21	22	23	24	25	26	27
28	29	30				

3 Sunday
dim | dom

National Pet Week (US)

4 Monday
lun | lun

Full Moon 3:42 U.T.

May Day (NT-AU)
Bank Holiday (UK; IRL)
Dodenherdenking (NL)

5 Tuesday
mar | mar

Cinco de Mayo
Batalla de Puebla (MX)
Bevrijdingsdag (NL)

6 Wednesday
mer | miér

7 Thursday
jeu | jue

National Day of Prayer (US)

8 Friday
ven | vier

Fête de la Victoire (FR)

9 Saturday
sam | sáb

APRIL 2015

S	M	T	W	T	F	S
			1	2	3	4
5	6	7	8	9	10	11
12	13	14	15	16	17	18
19	20	21	22	23	24	25
26	27	28	29	30		

MAY 2015

S	M	T	W	T	F	S
					1	2
3	4	5	6	7	8	9
10	11	12	13	14	15	16
17	18	19	20	21	22	23
24	25	26	27	28	29	30
31						

JUNE 2015

S	M	T	W	T	F	S
	1	2	3	4	5	6
7	8	9	10	11	12	13
14	15	16	17	18	19	20
21	22	23	24	25	26	27
28	29	30				

10 Sunday
dim | dom

Mother's Day (US; AU; BE; CAN; NL; NZ)
Día de las Madres (MX)

11 Monday
lun | lun

Last Quarter 10:36 U.T.

12 Tuesday
mar | mar

13 Wednesday
mer | miér

14 Thursday
jeu | jue

Ascension

15 Friday
ven | vier

Día del Maestro (MX)

16 Saturday
sam | sáb

Armed Forces Day (US)

MAY

APRIL 2015

S	M	T	W	T	F	S
			1	2	3	4
5	6	7	8	9	10	11
12	13	14	15	16	17	18
19	20	21	22	23	24	25
26	27	28	29	30		

MAY 2015

S	M	T	W	T	F	S
					1	2
3	4	5	6	7	8	9
10	11	12	13	14	15	16
17	18	19	20	21	22	23
24	25	26	27	28	29	30
31						

JUNE 2015

S	M	T	W	T	F	S
	1	2	3	4	5	6
7	8	9	10	11	12	13
14	15	16	17	18	19	20
21	22	23	24	25	26	27
28	29	30				

17 Sunday
dim | dom

18 Monday
lun | lun

New Moon ● 4:13 U.T.

Victoria Day/Fête de la Reine (CAN)
Journée nationale des patriotes/
National Patriots' Day (QC-CAN)

19 Tuesday
mar | mar

20 Wednesday
mer | miér

21 Thursday
jeu | jue

22 Friday
ven | vier

23 Saturday
sam | sáb

MAY

APRIL 2015

S	M	T	W	T	F	S
			1	2	3	4
5	6	7	8	9	10	11
12	13	14	15	16	17	18
19	20	21	22	23	24	25
26	27	28	29	30		

MAY 2015

S	M	T	W	T	F	S
					1	2
3	4	5	6	7	8	9
10	11	12	13	14	15	16
17	18	19	20	21	22	23
24	25	26	27	28	29	30
31						

JUNE 2015

S	M	T	W	T	F	S
	1	2	3	4	5	6
7	8	9	10	11	12	13
14	15	16	17	18	19	20
21	22	23	24	25	26	27
28	29	30				

24
Sunday
dim | dom

Pentecost (Whitsun)

25
Monday
lun | lun

First Quarter ◐ 17:19 U.T.

Memorial Day (US)
Spring Bank Holiday (UK)
Pentecost Monday

26
Tuesday
mar | mar

27
Wednesday
mer | miér

28
Thursday
jeu | jue

29
Friday
ven | vier

30
Saturday
sam | sáb

MAY 2015

S	M	T	W	T	F	S
					1	2
3	4	5	6	7	8	9
10	11	12	13	14	15	16
17	18	19	20	21	22	23
24	25	26	27	28	29	30
31						

JUNE 2015

S	M	T	W	T	F	S
	1	2	3	4	5	6
7	8	9	10	11	12	13
14	15	16	17	18	19	20
21	22	23	24	25	26	27
28	29	30				

JULY 2015

S	M	T	W	T	F	S
			1	2	3	4
5	6	7	8	9	10	11
12	13	14	15	16	17	18
19	20	21	22	23	24	25
26	27	28	29	30	31	

MAY 2015 MAI | MAYO

31
Sunday
dim | dom

Fête des Mères (FR)

JUNE 2015 JUIN | JUNIO

1
Monday
lun | lun

Public Holiday (IRL)
Queen's Birthday (NZ)
Western Australia Day (WA-AU)

Full Moon ○ 16:19 U.T.

2
Tuesday
mar | mar

3
Wednesday
mer | miér

4
Thursday
jeu | jue

5
Friday
ven | vier

6
Saturday
sam | sáb

MAY 2015

S	M	T	W	T	F	S
					1	2
3	4	5	6	7	8	9
10	11	12	13	14	15	16
17	18	19	20	21	22	23
24	25	26	27	28	29	30
31						

JUNE 2015

S	M	T	W	T	F	S
	1	2	3	4	5	6
7	8	9	10	11	12	13
14	15	16	17	18	19	20
21	22	23	24	25	26	27
28	29	30				

JULY 2015

S	M	T	W	T	F	S
			1	2	3	4
5	6	7	8	9	10	11
12	13	14	15	16	17	18
19	20	21	22	23	24	25
26	27	28	29	30	31	

JUNE 2015 JUIN | JUNIO

7
Sunday
dim | dom

8
Monday
lun | lun

Queen's Birthday (AU except WA)

Last Quarter ◑ 15:42 U.T.

9
Tuesday
mar | mar

10
Wednesday
mer | miér

11
Thursday
jeu | jue

12
Friday
ven | vier

13
Saturday
sam | sáb

Queen's Official Birthday (tentative) (UK)

MAY 2015

S	M	T	W	T	F	S
					1	2
3	4	5	6	7	8	9
10	11	12	13	14	15	16
17	18	19	20	21	22	23
24	25	26	27	28	29	30
31						

JUNE 2015

S	M	T	W	T	F	S
	1	2	3	4	5	6
7	8	9	10	11	12	13
14	15	16	17	18	19	20
21	22	23	24	25	26	27
28	29	30				

JULY 2015

S	M	T	W	T	F	S
			1	2	3	4
5	6	7	8	9	10	11
12	13	14	15	16	17	18
19	20	21	22	23	24	25
26	27	28	29	30	31	

14 Sunday
dim | dom

Flag Day (US)
Vaderdag/Fête des Pères (BE)

15 Monday
lun | lun

New Moon ● 14:05 U.T.

16 Tuesday
mar | mar

17 Wednesday
mer | miér

Ramadan begins at sundown

18 Thursday
jeu | jue

19 Friday
ven | vier

20 Saturday
sam | sáb

MAY 2015

S	M	T	W	T	F	S
					1	2
3	4	5	6	7	8	9
10	11	12	13	14	15	16
17	18	19	20	21	22	23
24	25	26	27	28	29	30
31						

JUNE 2015

S	M	T	W	T	F	S
	1	2	3	4	5	6
7	8	9	10	11	12	13
14	15	16	17	18	19	20
21	22	23	24	25	26	27
28	29	30				

JULY 2015

S	M	T	W	T	F	S
			1	2	3	4
5	6	7	8	9	10	11
12	13	14	15	16	17	18
19	20	21	22	23	24	25
26	27	28	29	30	31	

JUNE 2015 JUIN | JUNIO

21 Sunday
dim | dom

Summer begins

Father's Day (US; CAN; NL; UK; MX)
National Aboriginal Day/Journée nationale des Autochtones (CAN)

22 Monday
lun | lun

Discovery Day (NL-CAN)

23 Tuesday
mar | mar

24 Wednesday
mer | miér

First Quarter 11:02 U.T.

Fête nationale du Québec/Quebec National Day/Saint-Jean-Baptiste Day (QC-CAN)

25 Thursday
jeu | jue

26 Friday
ven | vier

27 Saturday
sam | sáb

JUN

JUNE 2015

S	M	T	W	T	F	S
	1	2	3	4	5	6
7	8	9	10	11	12	13
14	15	16	17	18	19	20
21	22	23	24	25	26	27
28	29	30				

JULY 2015

S	M	T	W	T	F	S
			1	2	3	4
5	6	7	8	9	10	11
12	13	14	15	16	17	18
19	20	21	22	23	24	25
26	27	28	29	30	31	

AUGUST 2015

S	M	T	W	T	F	S
						1
2	3	4	5	6	7	8
9	10	11	12	13	14	15
16	17	18	19	20	21	22
23	24	25	26	27	28	29
30	31					

JUNE 2015 JUIN | JUNIO

28
Sunday
dim | dom

29
Monday
lun | lun

30
Tuesday
mar | mar

JULY 2015 JUILLET | JULIO

1
Wednesday
mer | miér

Canada Day/Fête du Canada (CAN)

Full Moon 2:20 U.T.

2
Thursday
jeu | jue

3
Friday
ven | vier

4
Saturday
sam | sáb

Independence Day (US)

JUN / JUL

JUNE 2015

S	M	T	W	T	F	S
	1	2	3	4	5	6
7	8	9	10	11	12	13
14	15	16	17	18	19	20
21	22	23	24	25	26	27
28	29	30				

JULY 2015

S	M	T	W	T	F	S
			1	2	3	4
5	6	7	8	9	10	11
12	13	14	15	16	17	18
19	20	21	22	23	24	25
26	27	28	29	30	31	

AUGUST 2015

S	M	T	W	T	F	S
						1
2	3	4	5	6	7	8
9	10	11	12	13	14	15
16	17	18	19	20	21	22
23	24	25	26	27	28	29
30	31					

JULY 2015 JUILLET | JULIO

5
Sunday
dim | dom

6
Monday
lun | lun

7
Tuesday
mar | mar

8
Wednesday
mer | miér

Last Quarter ◑ 20:24 U.T.

9
Thursday
jeu | jue

Nunavut Day (NU-CAN)

10
Friday
ven | vier

11
Saturday
sam | sáb

Feest van de Vlaamse Gemeenschap (BE)

JUNE 2015

S	M	T	W	T	F	S
	1	2	3	4	5	6
7	8	9	10	11	12	13
14	15	16	17	18	19	20
21	22	23	24	25	26	27
28	29	30				

JULY 2015

S	M	T	W	T	F	S
			1	2	3	4
5	6	7	8	9	10	11
12	13	14	15	16	17	18
19	20	21	22	23	24	25
26	27	28	29	30	31	

AUGUST 2015

S	M	T	W	T	F	S
						1
2	3	4	5	6	7	8
9	10	11	12	13	14	15
16	17	18	19	20	21	22
23	24	25	26	27	28	29
30	31					

JULY 2015 JUILLET | JULIO

12
Sunday
dim | dom

13
Monday
lun | lun

14
Tuesday
mar | mar

Bank Holiday (NIR)
Fête nationale de la France (FR)

15
Wednesday
mer | miér

16
Thursday
jeu | jue

New Moon ● 1:24 U.T.

Eid al-Fitr begins at sundown

17
Friday
ven | vier

18
Saturday
sam | sáb

JUNE 2015

S	M	T	W	T	F	S
	1	2	3	4	5	6
7	8	9	10	11	12	13
14	15	16	17	18	19	20
21	22	23	24	25	26	27
28	29	30				

JULY 2015

S	M	T	W	T	F	S
			1	2	3	4
5	6	7	8	9	10	11
12	13	14	15	16	17	18
19	20	21	22	23	24	25
26	27	28	29	30	31	

AUGUST 2015

S	M	T	W	T	F	S
						1
2	3	4	5	6	7	8
9	10	11	12	13	14	15
16	17	18	19	20	21	22
23	24	25	26	27	28	29
30	31					

JULY 2015 JUILLET | JULIO

19
Sunday
dim | dom

20
Monday
lun | lun

21
Tuesday
mar | mar

Nationale feestdag/
Fête nationale de la Belgique (BE)

22
Wednesday
mer | miér

23
Thursday
jeu | jue

First Quarter 4:04 U.T.

24
Friday
ven | vier

25
Saturday
sam | sáb

JUL

JULY 2015

S	M	T	W	T	F	S
			1	2	3	4
5	6	7	8	9	10	11
12	13	14	15	16	17	18
19	20	21	22	23	24	25
26	27	28	29	30	31	

AUGUST 2015

S	M	T	W	T	F	S
						1
2	3	4	5	6	7	8
9	10	11	12	13	14	15
16	17	18	19	20	21	22
23	24	25	26	27	28	29
30	31					

SEPTEMBER 2015

S	M	T	W	T	F	S
		1	2	3	4	5
6	7	8	9	10	11	12
13	14	15	16	17	18	19
20	21	22	23	24	25	26
27	28	29	30			

JULY 2015 JUILLET | JULIO

26
Sunday
dim | dom

27
Monday
lun | lun

28
Tuesday
mar | mar

29
Wednesday
mer | miér

30
Thursday
jeu | jue

31
Friday
ven | vier

Full Moon 10:43 U.T.

AUGUST 2015 AOÛT | AGOSTO

1
Saturday
sam | sáb

JUL / AUG

JULY 2015

S	M	T	W	T	F	S
			1	2	3	4
5	6	7	8	9	10	11
12	13	14	15	16	17	18
19	20	21	22	23	24	25
26	27	28	29	30	31	

AUGUST 2015

S	M	T	W	T	F	S
						1
2	3	4	5	6	7	8
9	10	11	12	13	14	15
16	17	18	19	20	21	22
23	24	25	26	27	28	29
30	31					

SEPTEMBER 2015

S	M	T	W	T	F	S
		1	2	3	4	5
6	7	8	9	10	11	12
13	14	15	16	17	18	19
20	21	22	23	24	25	26
27	28	29	30			

AUGUST 2015 AOÛT | AGOSTO

2
Sunday
dim | dom

3
Monday
lun | lun

Civic Holiday/Congé civique (CAN)
Bank Holiday (NSW-AU; IRL; SCT)
Picnic Day (NT-AU)

4
Tuesday
mar | mar

5
Wednesday
mer | miér

6
Thursday
jeu | jue

7
Friday
ven | vier

Last Quarter ◑ 2:03 U.T.

8
Saturday
sam | sáb

AUG

JULY 2015

S	M	T	W	T	F	S
			1	2	3	4
5	6	7	8	9	10	11
12	13	14	15	16	17	18
19	20	21	22	23	24	25
26	27	28	29	30	31	

AUGUST 2015

S	M	T	W	T	F	S
						1
2	3	4	5	6	7	8
9	10	11	12	13	14	15
16	17	18	19	20	21	22
23	24	25	26	27	28	29
30	31					

SEPTEMBER 2015

S	M	T	W	T	F	S
		1	2	3	4	5
6	7	8	9	10	11	12
13	14	15	16	17	18	19
20	21	22	23	24	25	26
27	28	29	30			

AUGUST 2015 AOÛT | AGOSTO

9
Sunday
dim | dom

10
Monday
lun | lun

11
Tuesday
mar | mar

12
Wednesday
mer | miér

13
Thursday
jeu | jue

14
Friday
ven | vier

New Moon ● 14:53 U.T.

15
Saturday
sam | sáb

Assumption

JULY 2015

S	M	T	W	T	F	S
			1	2	3	4
5	6	7	8	9	10	11
12	13	14	15	16	17	18
19	20	21	22	23	24	25
26	27	28	29	30	31	

AUGUST 2015

S	M	T	W	T	F	S
						1
2	3	4	5	6	7	8
9	10	11	12	13	14	15
16	17	18	19	20	21	22
23	24	25	26	27	28	29
30	31					

SEPTEMBER 2015

S	M	T	W	T	F	S
		1	2	3	4	5
6	7	8	9	10	11	12
13	14	15	16	17	18	19
20	21	22	23	24	25	26
27	28	29	30			

16
Sunday
dim | dom

17
Monday
lun | lun

Discovery Day (YT-CAN)

18
Tuesday
mar | mar

19
Wednesday
mer | miér

20
Thursday
jeu | jue

21
Friday
ven | vier

First Quarter ◐ 19:31 U.T.

22
Saturday
sam | sáb

JULY 2015

S	M	T	W	T	F	S
			1	2	3	4
5	6	7	8	9	10	11
12	13	14	15	16	17	18
19	20	21	22	23	24	25
26	27	28	29	30	31	

AUGUST 2015

S	M	T	W	T	F	S
						1
2	3	4	5	6	7	8
9	10	11	12	13	14	15
16	17	18	19	20	21	22
23	24	25	26	27	28	29
30	31					

SEPTEMBER 2015

S	M	T	W	T	F	S
		1	2	3	4	5
6	7	8	9	10	11	12
13	14	15	16	17	18	19
20	21	22	23	24	25	26
27	28	29	30			

AUGUST 2015 AOÛT | AGOSTO

23
Sunday
dim | dom

24
Monday
lun | lun

25
Tuesday
mar | mar

26
Wednesday
mer | miér

27
Thursday
jeu | jue

28
Friday
ven | vier

29
Saturday
sam | sáb

Full Moon 18:35 U.T.

AUG

AUGUST 2015

S	M	T	W	T	F	S
						1
2	3	4	5	6	7	8
9	10	11	12	13	14	15
16	17	18	19	20	21	22
23	24	25	26	27	28	29
30	31					

SEPTEMBER 2015

S	M	T	W	T	F	S
		1	2	3	4	5
6	7	8	9	10	11	12
13	14	15	16	17	18	19
20	21	22	23	24	25	26
27	28	29	30			

OCTOBER 2015

S	M	T	W	T	F	S
				1	2	3
4	5	6	7	8	9	10
11	12	13	14	15	16	17
18	19	20	21	22	23	24
25	26	27	28	29	30	31

AUGUST 2015 AOÛT | AGOSTO

30
Sunday
dim | dom

31
Monday
lun | lun

Summer Bank Holiday (UK except SCT)

SEPTEMBER 2015 SEPTEMBRE | SEPTIEMBRE

1
Tuesday
mar | mar

2
Wednesday
mer | miér

3
Thursday
jeu | jue

4
Friday
ven | vier

Last Quarter ◑ 9:54 U.T.

5
Saturday
sam | sáb

AUGUST 2015

S	M	T	W	T	F	S
						1
2	3	4	5	6	7	8
9	10	11	12	13	14	15
16	17	18	19	20	21	22
23	24	25	26	27	28	29
30	31					

SEPTEMBER 2015

S	M	T	W	T	F	S
		1	2	3	4	5
6	7	8	9	10	11	12
13	14	15	16	17	18	19
20	21	22	23	24	25	26
27	28	29	30			

OCTOBER 2015

S	M	T	W	T	F	S
				1	2	3
4	5	6	7	8	9	10
11	12	13	14	15	16	17
18	19	20	21	22	23	24
25	26	27	28	29	30	31

SEPTEMBER 2015 SEPTEMBRE | SEPTIEMBRE

6
Sunday
dim | dom

Father's Day (AU; NZ)

7
Monday
lun | lun

Labor Day (US)
Labour Day/Fête du Travail (CAN)

8
Tuesday
mar | mar

9
Wednesday
mer | miér

10
Thursday
jeu | jue

11
Friday
ven | vier

Patriot Day/National Day of Service and Remembrance (US)

12
Saturday
sam | sáb

SEP

AUGUST 2015

S	M	T	W	T	F	S
						1
2	3	4	5	6	7	8
9	10	11	12	13	14	15
16	17	18	19	20	21	22
23	24	25	26	27	28	29
30	31					

SEPTEMBER 2015

S	M	T	W	T	F	S
		1	2	3	4	5
6	7	8	9	10	11	12
13	14	15	16	17	18	19
20	21	22	23	24	25	26
27	28	29	30			

OCTOBER 2015

S	M	T	W	T	F	S
				1	2	3
4	5	6	7	8	9	10
11	12	13	14	15	16	17
18	19	20	21	22	23	24
25	26	27	28	29	30	31

SEPTEMBER 2015 SEPTEMBRE | SEPTIEMBRE

13 Sunday
dim | dom

New Moon ● 6:41 U.T.

National Grandparents Day (US)
Rosh Hashanah begins at sundown

14 Monday
lun | lun

15 Tuesday
mar | mar

Noche del Grito (MX)

16 Wednesday
mer | miér

Día de la Independencia (MX)

17 Thursday
jeu | jue

18 Friday
ven | vier

19 Saturday
sam | sáb

SEP

AUGUST 2015

S	M	T	W	T	F	S
						1
2	3	4	5	6	7	8
9	10	11	12	13	14	15
16	17	18	19	20	21	22
23	24	25	26	27	28	29
30	31					

SEPTEMBER 2015

S	M	T	W	T	F	S
		1	2	3	4	5
6	7	8	9	10	11	12
13	14	15	16	17	18	19
20	21	22	23	24	25	26
27	28	29	30			

OCTOBER 2015

S	M	T	W	T	F	S
				1	2	3
4	5	6	7	8	9	10
11	12	13	14	15	16	17
18	19	20	21	22	23	24
25	26	27	28	29	30	31

SEPTEMBER 2015 SEPTEMBRE | SEPTIEMBRE

20
Sunday
dim | dom

21
Monday
lun | lun

First Quarter 8:59 U.T.

UN International Day of Peace

22
Tuesday
mar | mar

Yom Kippur begins at sundown
Eid al-Adha begins at sundown

23
Wednesday
mer | miér

Autumn begins

24
Thursday
jeu | jue

25
Friday
ven | vier

26
Saturday
sam | sáb

SEPTEMBER 2015

S	M	T	W	T	F	S
		1	2	3	4	5
6	7	8	9	10	11	12
13	14	15	16	17	18	19
20	21	22	23	24	25	26
27	28	29	30			

OCTOBER 2015

S	M	T	W	T	F	S
				1	2	3
4	5	6	7	8	9	10
11	12	13	14	15	16	17
18	19	20	21	22	23	24
25	26	27	28	29	30	31

NOVEMBER 2015

S	M	T	W	T	F	S
1	2	3	4	5	6	7
8	9	10	11	12	13	14
15	16	17	18	19	20	21
22	23	24	25	26	27	28
29	30					

SEPTEMBER 2015 SEPTEMBRE | SEPTIEMBRE

27
Sunday
dim | dom

Fête de la Communauté française (BE)
Daylight Saving Time begins (NZ)

28
Monday
lun | lun

Full Moon ◯ 2:50 U.T.

Queen's Birthday (WA-AU)
Family & Community Day (ACT-AU)

29
Tuesday
mar | mar

30
Wednesday
mer | miér

OCTOBER 2015 OCTOBRE | OCTUBRE

1
Thursday
jeu | jue

2
Friday
ven | vier

3
Saturday
sam | sáb

SEP / OCT

SEPTEMBER 2015

S	M	T	W	T	F	S
		1	2	3	4	5
6	7	8	9	10	11	12
13	14	15	16	17	18	19
20	21	22	23	24	25	26
27	28	29	30			

OCTOBER 2015

S	M	T	W	T	F	S
				1	2	3
4	5	6	7	8	9	10
11	12	13	14	15	16	17
18	19	20	21	22	23	24
25	26	27	28	29	30	31

NOVEMBER 2015

S	M	T	W	T	F	S
1	2	3	4	5	6	7
8	9	10	11	12	13	14
15	16	17	18	19	20	21
22	23	24	25	26	27	28
29	30					

OCTOBER 2015 OCTOBRE | OCTUBRE

4
Sunday
dim | dom

Last Quarter ◐ 21:06 U.T.

World Animal Day
Daylight Saving Time begins (AU except WA/QLD/NT)

5
Monday
lun | lun

Labour Day (ACT/NSW/QLD/SA-AU)

6
Tuesday
mar | mar

7
Wednesday
mer | miér

8
Thursday
jeu | jue

9
Friday
ven | vier

10
Saturday
sam | sáb

SEPTEMBER 2015

S	M	T	W	T	F	S
		1	2	3	4	5
6	7	8	9	10	11	12
13	14	15	16	17	18	19
20	21	22	23	24	25	26
27	28	29	30			

OCTOBER 2015

S	M	T	W	T	F	S
				1	2	3
4	5	6	7	8	9	10
11	12	13	14	15	16	17
18	19	20	21	22	23	24
25	26	27	28	29	30	31

NOVEMBER 2015

S	M	T	W	T	F	S
1	2	3	4	5	6	7
8	9	10	11	12	13	14
15	16	17	18	19	20	21
22	23	24	25	26	27	28
29	30					

OCTOBER 2015 OCTOBRE | OCTUBRE

11
Sunday
dim | dom

12
Monday
lun | lun

Columbus Day (US)
Thanksgiving Day/Action de grâce (CAN)
Día de la Raza (MX)

New Moon 0:06 U.T.

13
Tuesday
mar | mar

Muharram begins at sundown

14
Wednesday
mer | miér

15
Thursday
jeu | jue

16
Friday
ven | vier

Boss's Day

17
Saturday
sam | sáb

SEPTEMBER 2015

S	M	T	W	T	F	S
		1	2	3	4	5
6	7	8	9	10	11	12
13	14	15	16	17	18	19
20	21	22	23	24	25	26
27	28	29	30			

OCTOBER 2015

S	M	T	W	T	F	S
				1	2	3
4	5	6	7	8	9	10
11	12	13	14	15	16	17
18	19	20	21	22	23	24
25	26	27	28	29	30	31

NOVEMBER 2015

S	M	T	W	T	F	S
1	2	3	4	5	6	7
8	9	10	11	12	13	14
15	16	17	18	19	20	21
22	23	24	25	26	27	28
29	30					

OCTOBER 2015 OCTOBRE | OCTUBRE

18
Sunday
dim | dom

19
Monday
lun | lun

First Quarter 20:31 U.T.

20
Tuesday
mar | mar

21
Wednesday
mer | miér

22
Thursday
jeu | jue

Ashura begins at sundown

23
Friday
ven | vier

24
Saturday
sam | sáb

United Nations Day

SEPTEMBER 2015

S	M	T	W	T	F	S
		1	2	3	4	5
6	7	8	9	10	11	12
13	14	15	16	17	18	19
20	21	22	23	24	25	26
27	28	29	30			

OCTOBER 2015

S	M	T	W	T	F	S
				1	2	3
4	5	6	7	8	9	10
11	12	13	14	15	16	17
18	19	20	21	22	23	24
25	26	27	28	29	30	31

NOVEMBER 2015

S	M	T	W	T	F	S
1	2	3	4	5	6	7
8	9	10	11	12	13	14
15	16	17	18	19	20	21
22	23	24	25	26	27	28
29	30					

OCTOBER 2015 OCTOBRE | OCTUBRE

25
Sunday
dim | dom

European Summer Time ends

26
Monday
lun | lun

Labour Day (NZ)
Public Holiday (IRL)

Full Moon 12:05 U.T.

27
Tuesday
mar | mar

28
Wednesday
mer | miér

29
Thursday
jeu | jue

30
Friday
ven | vier

31
Saturday
sam | sáb

Halloween

OCTOBER 2015

S	M	T	W	T	F	S
				1	2	3
4	5	6	7	8	9	10
11	12	13	14	15	16	17
18	19	20	21	22	23	24
25	26	27	28	29	30	31

NOVEMBER 2015

S	M	T	W	T	F	S
1	2	3	4	5	6	7
8	9	10	11	12	13	14
15	16	17	18	19	20	21
22	23	24	25	26	27	28
29	30					

DECEMBER 2015

S	M	T	W	T	F	S
		1	2	3	4	5
6	7	8	9	10	11	12
13	14	15	16	17	18	19
20	21	22	23	24	25	26
27	28	29	30	31		

NOVEMBER 2015 NOVEMBRE | NOVIEMBRE

1
Sunday
dim | dom

All Saints' Day
Daylight Saving Time ends (US; CAN)

2
Monday
lun | lun

All Souls' Day
Día de los Muertos (MX)

3
Tuesday
mar | mar

Last Quarter ◑ 12:24 U.T.
Election Day (US)
Melbourne Cup (VIC-AU)

4
Wednesday
mer | miér

5
Thursday
jeu | jue

Guy Fawkes Day/Bonfire Night (UK)

6
Friday
ven | vier

7
Saturday
sam | sáb

OCTOBER 2015

S	M	T	W	T	F	S
				1	2	3
4	5	6	7	8	9	10
11	12	13	14	15	16	17
18	19	20	21	22	23	24
25	26	27	28	29	30	31

NOVEMBER 2015

S	M	T	W	T	F	S
1	2	3	4	5	6	7
8	9	10	11	12	13	14
15	16	17	18	19	20	21
22	23	24	25	26	27	28
29	30					

DECEMBER 2015

S	M	T	W	T	F	S
		1	2	3	4	5
6	7	8	9	10	11	12
13	14	15	16	17	18	19
20	21	22	23	24	25	26
27	28	29	30	31		

NOVEMBER 2015 NOVEMBRE | NOVIEMBRE

8
Sunday
dim | dom

Remembrance Sunday (UK)

9
Monday
lun | lun

10
Tuesday
mar | mar

11
Wednesday
mer | miér

New Moon ● 17:47 U.T.

Veterans' Day (US)
Remembrance Day/
Jour du Souvenir (AU; CAN)
Armistice (BE; FR)

12
Thursday
jeu | jue

13
Friday
ven | vier

14
Saturday
sam | sáb

OCTOBER 2015

S	M	T	W	T	F	S
				1	2	3
4	5	6	7	8	9	10
11	12	13	14	15	16	17
18	19	20	21	22	23	24
25	26	27	28	29	30	31

NOVEMBER 2015

S	M	T	W	T	F	S
1	2	3	4	5	6	7
8	9	10	11	12	13	14
15	16	17	18	19	20	21
22	23	24	25	26	27	28
29	30					

DECEMBER 2015

S	M	T	W	T	F	S
		1	2	3	4	5
6	7	8	9	10	11	12
13	14	15	16	17	18	19
20	21	22	23	24	25	26
27	28	29	30	31		

NOVEMBER 2015 NOVEMBRE | NOVIEMBRE

15
Sunday
dim | dom

Koningsdag/Fête du Roi (BE)

16
Monday
lun | lun

17
Tuesday
mar | mar

18
Wednesday
mer | miér

First Quarter ◐ 6:27 U.T.

19
Thursday
jeu | jue

20
Friday
ven | vier

Día de la Revolución Mexicana (MX)

21
Saturday
sam | sáb

NOV

OCTOBER 2015

S	M	T	W	T	F	S
				1	2	3
4	5	6	7	8	9	10
11	12	13	14	15	16	17
18	19	20	21	22	23	24
25	26	27	28	29	30	31

NOVEMBER 2015

S	M	T	W	T	F	S
1	2	3	4	5	6	7
8	9	10	11	12	13	14
15	16	17	18	19	20	21
22	23	24	25	26	27	28
29	30					

DECEMBER 2015

S	M	T	W	T	F	S
		1	2	3	4	5
6	7	8	9	10	11	12
13	14	15	16	17	18	19
20	21	22	23	24	25	26
27	28	29	30	31		

NOVEMBER 2015 NOVEMBRE | NOVIEMBRE

22
Sunday
dim | dom

23
Monday
lun | lun

24
Tuesday
mar | mar

Full Moon 22:44 U.T.

25
Wednesday
mer | miér

Thanksgiving Day (US)

26
Thursday
jeu | jue

27
Friday
ven | vier

28
Saturday
sam | sáb

NOV

NOVEMBER 2015

S	M	T	W	T	F	S
1	2	3	4	5	6	7
8	9	10	11	12	13	14
15	16	17	18	19	20	21
22	23	24	25	26	27	28
29	30					

DECEMBER 2015

S	M	T	W	T	F	S
		1	2	3	4	5
6	7	8	9	10	11	12
13	14	15	16	17	18	19
20	21	22	23	24	25	26
27	28	29	30	31		

JANUARY 2016

S	M	T	W	T	F	S
					1	2
3	4	5	6	7	8	9
10	11	12	13	14	15	16
17	18	19	20	21	22	23
24	25	26	27	28	29	30
31						

NOVEMBER 2015 NOVEMBRE | NOVIEMBRE

29
Sunday
dim | dom

Advent

30
Monday
lun | lun

St. Andrew's Day (SCT)

DECEMBER 2015 DÉCEMBRE | DICIEMBRE

1
Tuesday
mar | mar

2
Wednesday
mer | miér

Last Quarter ◑ 7:40 U.T.

3
Thursday
jeu | jue

4
Friday
ven | vier

5
Saturday
sam | sáb

Sinterklaas (NL)

NOVEMBER 2015

S	M	T	W	T	F	S
1	2	3	4	5	6	7
8	9	10	11	12	13	14
15	16	17	18	19	20	21
22	23	24	25	26	27	28
29	30					

DECEMBER 2015

S	M	T	W	T	F	S
		1	2	3	4	5
6	7	8	9	10	11	12
13	14	15	16	17	18	19
20	21	22	23	24	25	26
27	28	29	30	31		

JANUARY 2016

S	M	T	W	T	F	S
					1	2
3	4	5	6	7	8	9
10	11	12	13	14	15	16
17	18	19	20	21	22	23
24	25	26	27	28	29	30
31						

DECEMBER 2015 DÉCEMBRE | DICIEMBRE

6
Sunday
dim | dom

Hanukkah begins at sundown
Sinterklaas/Saint-Nicolas (BE)

7
Monday
lun | lun

Pearl Harbor Remembrance Day (US)

8
Tuesday
mar | mar

9
Wednesday
mer | miér

10
Thursday
jeu | jue

11
Friday
ven | vier

New Moon ● 10:29 U.T.

12
Saturday
sam | sáb

Día de la Virgen de Guadalupe (MX)

NOVEMBER 2015

S	M	T	W	T	F	S
1	2	3	4	5	6	7
8	9	10	11	12	13	14
15	16	17	18	19	20	21
22	23	24	25	26	27	28
29	30					

DECEMBER 2015

S	M	T	W	T	F	S
		1	2	3	4	5
6	7	8	9	10	11	12
13	14	15	16	17	18	19
20	21	22	23	24	25	26
27	28	29	30	31		

JANUARY 2016

S	M	T	W	T	F	S
					1	2
3	4	5	6	7	8	9
10	11	12	13	14	15	16
17	18	19	20	21	22	23
24	25	26	27	28	29	30
31						

13 Sunday
dim | dom

14 Monday
lun | lun

15 Tuesday
mar | mar

16 Wednesday
mer | miér

Las Posadas begin (MX)

17 Thursday
jeu | jue

First Quarter ◐ 15:14 U.T.

18 Friday
ven | vier

19 Saturday
sam | sáb

NOVEMBER 2015

S	M	T	W	T	F	S
1	2	3	4	5	6	7
8	9	10	11	12	13	14
15	16	17	18	19	20	21
22	23	24	25	26	27	28
29	30					

DECEMBER 2015

S	M	T	W	T	F	S
		1	2	3	4	5
6	7	8	9	10	11	12
13	14	15	16	17	18	19
20	21	22	23	24	25	26
27	28	29	30	31		

JANUARY 2016

S	M	T	W	T	F	S
					1	2
3	4	5	6	7	8	9
10	11	12	13	14	15	16
17	18	19	20	21	22	23
24	25	26	27	28	29	30
31						

20 Sunday
dim | dom

21 Monday
lun | lun

Winter begins

22 Tuesday
mar | mar

23 Wednesday
mer | miér

24 Thursday
jeu | jue

Christmas Eve

Full Moon 11:11 U.T.

25 Friday
ven | vier

Christmas Day

26 Saturday
sam | sáb

Kwanzaa begins
St. Stephen's Day
Boxing Day/Le lendemain de Noël (AU; CAN; NZ; UK)

NOVEMBER 2015

S	M	T	W	T	F	S
1	2	3	4	5	6	7
8	9	10	11	12	13	14
15	16	17	18	19	20	21
22	23	24	25	26	27	28
29	30					

DECEMBER 2015

S	M	T	W	T	F	S
		1	2	3	4	5
6	7	8	9	10	11	12
13	14	15	16	17	18	19
20	21	22	23	24	25	26
27	28	29	30	31		

JANUARY 2016

S	M	T	W	T	F	S
					1	2
3	4	5	6	7	8	9
10	11	12	13	14	15	16
17	18	19	20	21	22	23
24	25	26	27	28	29	30
31						

DECEMBER 2015 DÉCEMBRE | DICIEMBRE

27
Sunday
dim | dom

28
Monday
lun | lun

Boxing Day/Le lendemain de Noël (observed) (AU; CAN; NZ; UK)
Proclamation Day (SA-AU)

29
Tuesday
mar | mar

30
Wednesday
mer | miér

31
Thursday
jeu | jue

New Year's Eve

JANUARY 2016 JANVIER | ENERO

1
Friday
ven | vier

New Year's Day

Last Quarter 5:30 U.T.

2
Saturday
sam | sáb

2016 Quick Planner

JANUARY 2016

S	M	T	W	T	F	S
					1	2
3	4	5	6	7	8	9
10	11	12	13	14	15	16
17	18	19	20	21	22	23
24	25	26	27	28	29	30
31						

FEBRUARY 2016

S	M	T	W	T	F	S
	1	2	3	4	5	6
7	8	9	10	11	12	13
14	15	16	17	18	19	20
21	22	23	24	25	26	27
28	29					

MARCH 2016

S	M	T	W	T	F	S
		1	2	3	4	5
6	7	8	9	10	11	12
13	14	15	16	17	18	19
20	21	22	23	24	25	26
27	28	29	30	31		

APRIL 2016

S	M	T	W	T	F	S
					1	2
3	4	5	6	7	8	9
10	11	12	13	14	15	16
17	18	19	20	21	22	23
24	25	26	27	28	29	30

2016 Quick Planner

MAY 2016

S	M	T	W	T	F	S
1	2	3	4	5	6	7
8	9	10	11	12	13	14
15	16	17	18	19	20	21
22	23	24	25	26	27	28
29	30	31				

JUNE 2016

S	M	T	W	T	F	S
			1	2	3	4
5	6	7	8	9	10	11
12	13	14	15	16	17	18
19	20	21	22	23	24	25
26	27	28	29	30		

JULY 2016

S	M	T	W	T	F	S
					1	2
3	4	5	6	7	8	9
10	11	12	13	14	15	16
17	18	19	20	21	22	23
24	25	26	27	28	29	30
31						

AUGUST 2016

S	M	T	W	T	F	S
	1	2	3	4	5	6
7	8	9	10	11	12	13
14	15	16	17	18	19	20
21	22	23	24	25	26	27
28	29	30	31			

2016 Quick Planner

SEPTEMBER 2016

S	M	T	W	T	F	S
				1	2	3
4	5	6	7	8	9	10
11	12	13	14	15	16	17
18	19	20	21	22	23	24
25	26	27	28	29	30	

OCTOBER 2016

S	M	T	W	T	F	S
						1
2	3	4	5	6	7	8
9	10	11	12	13	14	15
16	17	18	19	20	21	22
23	24	25	26	27	28	29
30	31					

NOVEMBER 2016

S	M	T	W	T	F	S
		1	2	3	4	5
6	7	8	9	10	11	12
13	14	15	16	17	18	19
20	21	22	23	24	25	26
27	28	29	30			

DECEMBER 2016

S	M	T	W	T	F	S
				1	2	3
4	5	6	7	8	9	10
11	12	13	14	15	16	17
18	19	20	21	22	23	24
25	26	27	28	29	30	31

Personal Information

Name

Address

Phone (home)

Phone (cell)

Email

Emergency
Contacts

Work Information

Company Name

Address

Phone

Email

Numbers to Remember

Emergency

Personal

Business

Dates to Remember

Birthdays

Anniversaries

Special Events

Notes

Notes

Notes

Notes

BrownTrout Publishers, Inc.
The Calendar Company

Connecting People to Their Passions

browntrout.com
facebook.com/browntroutpublishers
pinterest.com/browntroutpub
@browntroutpub

BrownTrout Offices

USA–World Headquarters
BrownTrout Publishers, Inc.
201 Continental Blvd., Suite 200
El Segundo, CA 90245 USA
(1) 310 607 9010
Toll Free: 800 777 7812
sales@browntrout.com

Canada
BrownTrout Publishers, Ltd.
55 Cork Street East, Suite 307
Guelph ON N1H 2W7, Canada
(1) 519 821 8882
Canada Toll Free: 1 888 254 5842
sales@browntrout.ca

Mexico
Editorial SalmoTruti, SA de CV
Hegel 153 Int. 903, Colonia Polanco
Del. Miguel Hidalgo, 11560 Mexico D.F.
Mexico
(52-55) 5545 0492
Mexico Toll Free: 01 800 716 7420
ventas@salmotruti.com.mx

United Kingdom
BrownTrout Publishers Ltd.
Redland Office Centre, 157 Redland Rd.
Bristol, BS6 6YE, United Kingdom
(44) 117 317 1880
UK Freephone: 0800 169 3718
sales@browntroutuk.com

Australia and New Zealand
BrownTrout Publishers Pty. Ltd.
477 Lygon Street
Brunswick East VIC 3057, Australia
(61) 3 9384 7100
Australia Toll Free: 1 800 111 882
New Zealand Toll Free: 0 800 888 1
sales@browntrout.com.au

BrownTrout Earth Friendly

BrownTrout is committed to sustainability. We use recycled paper and soy- and vegetable-based inks, which are less harmful to the environment than petroleum-based alternatives, whenever possible. We embrace a digital workflow to reduce paper use and recycle all overstock or out-of-date products.

All times shown are in Universal Time (UT), which approximates Greenwich Mean Time (GMT). Adjusting the UT to the reader's time zone may change the calendar dates of certain lunar events. Events can differ from dates shown due to regional or sectarian observances. Publisher shall not be responsible or liable for any reliance on the displayed event dates. For additional calendar events, visit browntrout.com. No portion of this calendar may be reproduced, digitized, or copied in any form without prior written permission from the publisher.